O CÍRCULO DE FOGO

DON MIGUEL RUIZ

O CÍRCULO DE FOGO

INSPIRAÇÃO E MEDITAÇÕES GUIADAS PARA UMA VIDA DE AMOR E FELICIDADE

COM JANET MILLS

Tradução
Nina Lua

1ª edição

Rio de Janeiro | 2025

TÍTULO ORIGINAL
The Circle of Fire

TRADUÇÃO
Nina Lua

CIP-BRASIL. CATALOGAÇÃO NA PUBLICAÇÃO
SINDICATO NACIONAL DOS EDITORES DE LIVROS, RJ

R885c   Ruiz, Miguel, 1952-
     O círculo de fogo : inspiração e meditações guiadas para uma vida de amor e felicidade / Don Miguel Ruíz, Janet Mills ; tradução Nina Lua. - 1. ed. - Rio de Janeiro : BestSeller, 2025.

     Tradução de: Circle of fire
     ISBN 978-65-5712-479-6

     1. Filosofia tolteca. 2. Meditações. 2. Conduta. I. Mills, Janet. II. Lua, Nina. III. Título.

25-96640   CDD: CDD: 299.79
              CDU: 258

Gabriela Faray Ferreira Lopes - Bibliotecária - CRB-7/6643

Texto revisado segundo o novo Acordo Ortográfico da Língua Portuguesa.

Copyright ©2013 by Miguel Angel Ruiz, M.D. e Janet Mills
Copyright © 2001 anteriormente publicado como *Prayers: A Communion with our Creator*
Copyright da tradução © 2025 by Editora Best Seller Ltda.

Todos os direitos reservados. Proibida a reprodução, no todo ou em parte, sem autorização prévia por escrito da editora, sejam quais forem os meios empregados.

Direitos exclusivos de publicação em língua portuguesa para o Brasil adquiridos pela
Editora Best Seller Ltda.
Rua Argentina, 171, parte, São Cristóvão
Rio de Janeiro, RJ – 20921-380
que se reserva a propriedade literária desta tradução.

Impresso no Brasil

ISBN 978-65-5712-479-6

Seja um leitor preferencial Record.
Cadastre-se e receba informações sobre nossos lançamentos e nossas promoções.

Atendimento e venda direta ao leitor:
sac@record.com.br

Para o coração de uma
mulher, no qual o
amor divino se reflete
na integridade da
humanidade. Para a mãe,
a esposa, a filha e a amiga.

SUMÁRIO

Agradecimentos 9
Nota do autor 11
Introdução 13

  1. Verdade 19
  2. Perdão 27
  3. Amor 37
  4. Gratidão 49
  5. Humanidade 55
  6. Silêncio interior 63
  7. O dia do casamento 75
  8. O Círculo de Fogo 89

Orações

Oração para a verdade 25
Oração para o perdão 35
Oração para o amor 43
Oração para o corpo físico 47
Oração para a gratidão 53
Oração para a humanidade 61
Oração para a divindade 73
O Círculo de Fogo 105

Sobre os autores 107

AGRADECIMENTOS

Quero expressar minha gratidão a Janet Mills, a mãe deste livro, e a Gabrielle Rivera, por sua contribuição valiosa. Toda a minha gratidão ao nosso Criador pela inspiração e pela beleza que deram vida a esta obra.

NOTA DO AUTOR

Em meus ensinamentos, a cerimônia do Círculo de Fogo celebra o dia mais importante da nossa vida: aquele em que nos fundimos com a essência do nosso espírito e retornamos à nossa divindade interior. É nesse momento que recuperamos a consciência sobre o que *realmente* somos e tomamos a decisão de viver em comunhão com a força da criação que chamamos de *Vida* ou *Deus*. Desse dia em diante, passamos a viver com o coração repleto de amor incondicional por nós mesmos, pela *vida*, por toda a criação.

Este livro, lançado pela primeira vez em 2001 sob o título *Prayers: A Communion with Our Creator* [Orações: Uma comunhão com nosso Criador, em tradução livre], fará você se lembrar do seu *verdadeiro* eu. Sempre foi minha obra preferida e agora, em homenagem à oração de que mais gosto, ganhou um oportuno novo título: *O Círculo de Fogo*.

INTRODUÇÃO

Todos nós, ao menos uma vez na vida, já sentimos uma comunhão com nosso Criador. Há momentos de inspiração em que percebemos a imensidade da criação, a beleza e a perfeição de tudo o que existe. Nossa reação emocional pode ser avassaladora. Sentimos a mais maravilhosa paz interior, mesclada a uma alegria intensa. Chamamos isso de *êxtase*, ou estado de graça e gratidão. Sentimos a presença de Deus.

Em outros momentos, ficamos sufocados pelas pressões da vida. Tudo parece dar errado, e não sabemos o que fazer. Nós nos sentimos minúsculos diante da imensidão da existência e queremos ser salvos de nossos problemas. Nossa reação emocional pode ser de desamparo misturado com tristeza, medo ou raiva, e

14 O Círculo de Fogo

pedimos: "Deus, por favor, me ajude." Sentimos que estamos sendo ouvidos; reconhecemos a presença de Deus e encontramos consolo.

A oração é uma comunhão do humano com o divino. Não importa se nossas palavras vêm do amor, da gratidão e da inspiração, ou do medo, do desespero e da angústia, mas sempre temos uma conversa íntima e sincera com o espírito divino. Quando oramos, silenciamos todos os pensamentos que nos dizem por que algo não é possível e abrimos um canal direto com nossa fé. Na oração, usamos a voz humana, mas nos alinhamos com a voz do coração e do espírito, e é isso que torna essa prática poderosa.

A oração satisfaz a necessidade que os seres humanos têm de Deus, de inspiração, de afirmação dos próprios espíritos. Ao orarmos, nos comunicamos com a essência de tudo o que existe, incluindo a nossa. E, quando acreditamos no objeto de nossa oração com toda a fé, multiplicamos nossa intenção.

Orar é um ato de poder, porque é um acordo entre o humano e o divino, e depositamos nossa fé nesse acordo. Imagine um lobo uivando para a Lua: é assim que devemos orar. Temos uma mensagem para compartilhar com a vida, com Deus, e queremos comunicá-la com autoridade. A mensagem vem direto do coração, estamos falando com nossa divindade, com Deus.

Introdução 15

O poder da oração pode nos conduzir ao amor, à verdade e à liberdade pessoal. Neste livro, pretendemos usar esse poder para despertar o amor e a alegria em nossos corações e experimentar uma comunhão com nosso Criador. Que você encontre amor, verdade e liberdade em seu caminho.

Não é verdade, meu anjo da vida, que, ao caminharmos de mãos dadas pelo sonho da existência, cada passo é abençoado por Deus?

1

VERDADE

Todo ser humano é um artista, e nossa maior obra de arte é a *vida*. Os humanos sentem a vida e tentam dar sentido a ela expressando o que reconhecem por meio de palavras, música e outras formas de arte. Sentimos a vida e então criamos uma história para justificar, descrever e explicar nossa percepção e reação emocional. Todos os humanos são contadores de histórias, e é isso que nos torna artistas.

Tudo o que pensamos sobre nós são histórias que criamos com base na realidade, mas é apenas nosso ponto de vista. Ele se baseia em nossa experiência, naquilo que *sabemos*, naquilo em que *acreditamos*. E aquilo que sabemos

20 O Círculo de Fogo

e em que acreditamos são apenas programas; não passam de palavras, opiniões e ideias que aprendemos com os outros e com nossa própria experiência de vida. Os humanos percebem a verdade, mas o modo como justificamos e explicamos o que percebemos não é a verdade; é uma história. Chamo essa história de *sonho*. A mente humana mistura percepção, imaginação e emoção para criar um sonho completo. Mas a história não termina aí, porque todas as mentes de todos os humanos se misturam e criam a mente do planeta Terra — o *sonho do planeta*.

O sonho do planeta é o sonho de todos os humanos juntos. Podemos chamá-lo de *sociedade* ou de *nação*, mas o resultado da criação da mente, individual e coletiva, é um sonho. O sonho pode ser agradável, que chamamos de *paraíso*, ou um pesadelo, que chamamos de *inferno*. Mas paraíso e inferno só existem no plano da mente.

Na sociedade humana, o sonho do planeta é pautado em mentiras, e o resultado é o medo. É um sonho no qual os humanos julgam, culpam e punem seus semelhantes. Eles usam o poder da palavra para fofocar e machucar uns aos outros. O mau uso da palavra cria veneno emocional, que fica impregnado no sonho e circula pelo mundo, e é isso o que a maioria dos humanos consome: veneno emocional. O sonho do planeta prepara os recém-nascidos para acreditarem no que ele

Verdade 21

quer que acreditem. Nesse sonho, não existe justiça; apenas injustiça. Nada é perfeito; há apenas imperfeição. É por isso que os humanos vivem uma busca eterna por justiça, felicidade e amor.

Por milhares de anos, as pessoas acreditaram no conflito entre o bem e o mal no universo, mas isso não existe. O verdadeiro conflito é entre o que é verdade e o que não é. Ele existe na mente humana, não no restante da natureza. O bem e o mal são fruto desse conflito. Quando se acredita na verdade, a bondade é resultado; quando se acredita e defende o que não é verdade, a maldade é o resultado. O mal é apenas consequência de acreditar em mentiras.

Todo sofrimento humano vem da crença em mentiras. Tomar consciência disso é a primeira coisa que precisamos fazer. Por quê? Porque essa consciência nos guiará à verdade, e a verdade nos conduzirá a Deus, ao amor, à felicidade. A verdade nos libertará de todas as mentiras em que acreditamos. Mas precisamos experimentar a verdade para conhecê-la; não podemos traduzi-la em palavras. Assim que começamos a falar sobre a verdade, assim que a colocamos em palavras, já deixa de ser verdade. É possível experimentar e sentir a verdade, mas, quando criamos a história, ela é verdadeira apenas para nós. Para todos os outros, não é verdade. Cada um cria a própria história; cada um vive no próprio sonho.

22   O Círculo de Fogo

Recuperar a consciência é ver a vida como ela é, não como queremos que ela seja. Estar consciente é enxergar o que é verdade, não só o que queremos a fim de justificar as mentiras em que acreditamos. Podemos dominar a consciência, se a treinarmos. E, quando esse domínio se torna um hábito, passamos a ver a vida como ela é, e não como queremos vê-la. Assim, não tentamos mais transformar as coisas em palavras e explicar para nós mesmos o que percebemos. Em vez disso, usamos palavras para nos comunicar com outra pessoa, sabendo que o que estamos dizendo é apenas nosso ponto de vista.

Deus está presente. Deus vive dentro de você como *vida*, como *amor*, mas você precisa enxergar essa verdade, ou não há nada. Você está aqui para ser feliz, para viver sua vida e para expressar o que você é. Você foi criado para perceber a beleza da criação e para viver sua vida com amor. No entanto, se não conseguir encontrar o amor dentro de si, o mundo inteiro pode amá-lo, e isso não fará diferença alguma para você.

Em vez de buscar amor em outros humanos, precisamos nos alinhar com nosso amor-próprio. Porque não é o amor alheio que nos fará felizes, mas sim o amor que sentimos por todo ser humano, por Deus, por toda a criação. Podemos sentir quando o amor vem de outra pessoa, e é ótimo. Contudo, quando sentimos nosso

Verdade 23

próprio amor, é a melhor coisa que pode nos acontecer, alcançamos o paraíso, vivemos em êxtase.

O corpo é um templo vivo onde Deus habita. A prova de que Deus vive em você é que você está vivo. Há veneno emocional em sua mente, mas você pode limpá-la e preparar-se para uma comunhão de amor com Deus. Comunhão significa compartilhar seu amor, fundir-se nele. E, quando você ora, comunga com o amor de Deus dentro de você e permite que esse sentimento se manifeste. Mas, se você ora e não sente nada, por que perder tempo? Você precisa olhar para dentro de si e despertar seu amor.

Abra seu coração e ame incondicionalmente — não porque você quer amor em troca ou porque quer controlar alguém. Isso é amor falso. Quando ama sem impor condições, você transcende o sonho do medo e se alinha com o espírito divino, o amor de Deus, que é aquele que emana de você. Esse amor é *vida* e, assim como o sol, está sempre brilhando.

Meu maior desejo é que toda a humanidade tenha consciência o suficiente para despertar do sonho do medo e para usar o poder da criação e manifestar o paraíso na Terra. A criação é uma obra-prima, e somente percebendo a beleza da arte de Deus é que nossos corações podem se encher de alegria e contentamento.

24 O Círculo de Fogo

Use esta oração para ser mais consciente da beleza de toda a criação, incluindo você. Você é belo exatamente como é e, quando percebe a própria beleza, tem uma reação emocional de amor e consegue experimentar uma felicidade avassaladora. Você se verá nas flores, no céu, nas nuvens, na água e nos oceanos. Acima de tudo, sua autopercepção refletirá em outros humanos — em seus entes amados, em seus pais, em seus filhos, em todos.

Por favor, feche os olhos por alguns instantes, abra o coração e sinta todo o amor que vem dele. Vamos nos unir em uma oração especial para vivenciar uma comunhão com nosso Criador.

ORAÇÃO PARA A VERDADE

Hoje, Criador, peço que abras meus olhos e meu coração para que eu possa recuperar a verdade sobre minha vida. Ajuda-me a resistir à tentação de acreditar nas mentiras que reprimem a expressão da minha vida e do meu amor. Dá-me força para resistir à tentação de acreditar nas mentiras dos outros, que só criam veneno emocional em meu coração.

Hoje, Criador, permite que eu veja o que é, não o que quero ver. Permite que eu ouça o que é, não o que quero ouvir. Ajuda-me a recuperar minha consciência para que eu possa Te ver em tudo o que percebo com meus olhos, com meus ouvidos, com todos os meus sentidos. Permite que eu enxergue com olhos de amor para que eu Te encontre aonde quer que vá e Te veja em tudo o que

26 *O Círculo de Fogo*

crias. Ajuda-me a Te ver em cada célula do meu corpo, em cada emoção da minha mente, em cada pessoa que encontro. Permite que eu Te veja na chuva, nas flores, na água, no fogo, nos animais e nas borboletas. Tu estás em toda parte, e eu me integro a Ti. Permite que eu tenha consciência dessa verdade.

Hoje, permite que tudo o que eu fizer e disser seja uma expressão da beleza em meu coração. Permite que eu esteja consciente da beleza e da perfeição em tudo o que crias, para que eu possa viver em amor eterno contigo. Obrigado, Criador, pelo poder de criar um sonho de paraíso onde tudo é possível. A partir de hoje, usarei o poder do meu amor para criar uma obra-prima — minha própria vida. Amém.

2
PERDÃO

Antes de aprender a falar, você amava sem esforço, perdoava sem esforço. Era natural amar; era natural perdoar. Mas então você aprendeu a se comportar observando as outras pessoas, que não amavam nem perdoavam. Hoje, se quiser muito, pode retornar ao amor e renunciar a tudo o que não é amor. Hoje pode ser um novo começo — um dia para se lembrar de amar e de perdoar os mais próximos.

Imagine que você esteja na presença de sua mãe. Mesmo que ela não seja mais viva, ainda vive em sua mente. Visualize-a sentada à sua frente para que você possa experimentar uma grande comunhão de amor

28 O Círculo de Fogo

com ela. Imagine-se dando um maravilhoso abraço nela e beijando seu lindo rosto. Você pode sentir a reação emocional dela a você, e o que sente é amor emanando da sua mãe. Hoje, neste momento, você pode perdoá-la por qualquer ressentimento que talvez tenha. Não precisa lembrar o que ela fez ou deixou de fazer; não precisa justificar suas mágoas. Perdoar é um ato de amor, um ato de união — é se reconectar.

Agora, imagine-se pedindo perdão à sua mãe. Imagine que esteja ouvindo a voz dela dizendo como ama você, que o perdoa por tudo. Sinta a mão dela em seu rosto, os olhos dela fitando-o com amor e gratidão profundos, porque ela consegue sentir o amor que vem de você. Diga-lhe que a ama, a respeita e a honra. Fale que ela tem o direito de ser como é e que você nunca mais a julgará. Ouça-a dizendo que você pode fazer o que quiser da sua vida, que ela quer que você seja feliz e aproveite, porque você é excelente. Imagine-a dizendo que tem muito orgulho de você, que o ama e o aceita exatamente como é. Talvez hoje possa ser um momento de purificação, um momento de perdão e, através desta cura, um momento de amor.

Hoje, se você é mãe ou pai, imagine a presença de cada um de seus filhos à sua frente. Sinta todo o amor que você tem por eles e, então, perdoe-os e sinta que eles também o perdoam. Hoje você pode vivenciar uma comunhão de amor com seus filhos, um momento de comunicação e de perdão. Se você não é mãe ou pai, imagine uma comunhão de amor com alguém a quem precisa perdoar. O que aconteceu no passado não importa mais. O importante é aproveitar a presença das pessoas que você mais ama.

Muitas coisas podem acontecer na vida, muitos mal-entendidos e conflitos. Toda vez que nos sentimos machucados é porque acreditamos em algo que nem é verdade — pode até parecer, mas não é. A crença em mentiras é o motivo de nos magoarmos e nos distanciarmos das pessoas que amamos. Este é o momento de se libertar de todas essas mentiras e de abrir mão de todos os ressentimentos.

Por que não aproveitar as pessoas que mais amamos? Por que gastar nosso precioso tempo ressentindo nossos pais porque queremos ser nós mesmos, e não o que eles desejam que sejamos? Por que não mudamos nosso ponto de vista e percebemos como é limitado o tempo de que dispomos para lhes contar o que realmente sentimos? Por que não deixar de lado nosso orgulho e pedir perdão? Não importa que acreditemos que eles são culpados por alguma injustiça. O importante é deixarmos de lado toda essa mesquinhez e nos conectarmos novamente.

Abra seu coração, agora mesmo, e emane amor a seus pais. Mesmo que não demonstrem, sua mãe e seu pai amam você incondicionalmente. Se não demonstram, é porque não estão conscientes. Seus pais lhe deram o maior presente, que é a vida. A mensagem de Deus é a *vida*, e essa mensagem chegou a você pelos seus pais. Você a transmitiu a seus próprios filhos; você os trouxe à vida. Esse amor deve ser incondicional, e *é* incondicional enquanto não acreditarmos em nossas próprias mentiras.

Por que afastamos nossos filhos quando eles não são o que queremos que sejam? Por que os distanciamos com nossas opiniões? Eles têm o direito de viver da forma que desejarem. Por que não ir até seus filhos e dizer: "Me perdoe. Não quis afastar você. Não quis controlar sua vida." Quando somos gentis com nossos filhos, o que mais querem é estar em nossa companhia. Quando somos ríspidos, fazemos com que se distanciem de nós. Por que não reaproximá-los? É tão difícil assim abrir os braços, puxá-los para perto e dizer que os ama? Abra todo o seu coração para seus filhos e aceite-os exatamente como são. Ame-os *por* serem como são. Não importa o que eles fizeram; são seus filhos e tomaram as atitudes que tomaram porque também acreditam em mentiras.

Perdão 31

Hoje sua relação com seus pais e filhos pode mudar completamente. Não vamos desperdiçar a vida criando conflitos e ressentimentos com aqueles que amamos. É tão fácil ter um relacionamento maravilhoso. Por que temos que estar sempre certos e fazer os outros estarem errados? Nossa opinião é apenas nosso ponto de vista, e só é verdade para nós; não significa que seja verdade para mais alguém. Não precisamos estar certos; é melhor ser feliz do que estar certo.

O tempo de que dispomos para dar todo o amor que temos no coração é pequeno. A vida é tão breve, e o amor é importante demais. Não sabemos quando vamos morrer. Não sabemos quando nossos pais, filhos, cônjuges, irmãos e irmãs vão morrer. Nenhuma crença que possamos ter é importante o suficiente para nos separar daqueles que amamos. Se você soubesse que vai morrer amanhã, iria mesmo querer gastar tempo brigado com as pessoas que ama? Se tivesse apenas 24 horas, como escreveria o desfecho da sua vida? O anjo da morte pode ser nosso maior professor, porque a morte nos ensina a viver da melhor forma possível.

Cada dia é uma oportunidade de aproveitar a vida, a companhia das pessoas que você mais ama, e demonstrar seu amor por elas. Hoje também é um dia para honrar seu parceiro ou sua parceira, a mãe ou o pai de seus filhos. Se você respeita seu companheiro ou

32 O Círculo de Fogo

sua companheira, está ensinando seus filhos a tratar os outros com respeito. Se você trata seu parceiro com gentileza e amor, é isso que seus filhos aprenderão enquanto crescem. Nossos filhos aprendem com nossas ações, e não só com nossas palavras. Um dos maiores presentes é vê-los felizes, expressando-se e criando uma vida bonita. É uma dádiva vê-los aproveitando seus próprios filhos e desfrutar de nossos netos. Mas a melhor maneira de ensiná-los é com nosso próprio comportamento.

Por que não mudar a forma como você se relaciona com as pessoas que ama hoje? É uma escolha que está em suas mãos e que beneficia apenas você. Uma decisão que mudará completamente a sua qualidade de vida. Envie todo o seu amor a seus pais e vivencie uma reconexão com eles. Mande todo o seu amor a seus filhos, onde quer que estejam, e reaproxime-os. Envie seu amor a seus irmãos e irmãs, a todos em sua família. Escolha o perdão e se comunique com todas as pessoas que você conhece, mesmo que elas não consigam ouvi-lo. Onde quer que estejam, elas conseguem sentir. O perdão é importante e poderoso. Milagres podem acontecer se você simplesmente perdoar.

O perdão é uma grande expressão de amor — em particular, uma aceitação do amor, começando pelo amor-próprio. Que tal se amar incondicionalmente? Por que passar a vida criando conflitos consigo mesmo,

Perdão 33

julgando-se, rejeitando-se ou vivendo com vergonha, culpa ou remorso? Por que gastar sua preciosa vida tentando ser o que não é, sabendo que nunca o será? Por que não se aceitar como você é e se amar? A imagem de perfeição que aprendemos a buscar é uma das maiores mentiras que existem.

Hoje, neste momento, envie todo o amor no seu coração para si mesmo. O amor é sua natureza; não resista ao que você realmente é. Você pode melhorar sua vida com o simples ato de expressar o que você é, de seguir o amor no seu coração em tudo o que faz. E o perdão é uma ótima maneira de dar amor a si mesmo. Pense em como a vida poderia ser mais fácil se você fosse gentil consigo. Hoje é um dia maravilhoso para começar um novo relacionamento com você.

ORAÇÃO PARA O PERDÃO

Hoje, Criador, concede-me a coragem e a vontade de perdoar as pessoas que mais amo. Ajuda-me a perdoar cada injustiça que sinto em minha mente e a amar os outros incondicionalmente. Sei que o único caminho para curar toda a dor em meu coração é através do perdão.

Hoje, Criador, fortalece minha vontade de perdoar todos os que me machucaram, mesmo que eu acredite que a ofensa seja imperdoável. Sei que o perdão é um ato de amor-próprio. Ajuda-me a amar tanto a mim mesmo que eu perdoe cada ofensa. Permite que eu escolha o perdão, porque não quero sofrer toda vez que me lembrar da ofensa.

Hoje, Criador, ajuda-me a curar toda a culpa em meu coração, aceitando o perdão de todos os que magoei em

36 O Círculo de Fogo

minha vida. Ajuda-me a reconhecer sinceramente os erros que cometi por ignorância e dá-me a sabedoria e a determinação para não cometer os mesmos erros. Sei que o amor e o perdão transformarão cada relacionamento da maneira mais positiva que há.

Obrigado, Criador, por me dar a capacidade de amar e perdoar. Hoje abro meu coração ao amor e ao perdão, para que eu possa compartilhar meu amor sem medo. Hoje desfrutarei de um reencontro com as pessoas que mais amo. Amém.

3

AMOR

Hoje você pode dar um grande passo de volta ao amor curando sua relação consigo mesmo. O amor-próprio é a chave para amar os outros. O amor começa com você. Quando sua relação consigo é pautada em amor e respeito, a forma como você se relaciona com tudo mudará, incluindo os relacionamentos com as pessoas que ama.

Como você se sente em relação a si mesmo? Você se ama, se respeita e se honra? Se a resposta for negativa, isso explica todas as decepções amorosas que teve. Quando você não se ama, não se respeita e não se honra, permite que outras pessoas façam o mesmo. No entanto, quando você aprende a se tratar com amor, respeito e

38 O Círculo de Fogo

honra, passa a não aceitar que os outros não o tratem assim. Se alguém quer ter um papel importante em sua vida como amigo ou namorado, marido ou esposa, você já sabe que tipo de pessoa deseja. É óbvio quando alguém não é o que você quer, e você sabe disso desde o início. Por quê? Porque é fiel à sua integridade e não mente mais para si mesmo.

Integridade é a totalidade de si mesmo; é o que você realmente é, não o que acredita ou finge ser. Quando você é fiel à sua integridade, nunca age contra si de forma consciente. É honesto consigo mesmo, percebe quando alguém lhe é desrespeitoso e tem a clareza de dizer: "Pare. Não gosto do jeito como você está falando comigo." Você estabelece um limite na mesma hora, pois não admite que o destratem. Cria um sistema claro de limites para os outros respeitarem e respeita os limites que eles estabeleceram para você. Com amor--próprio, se alguém quiser estar com você, precisa agir com base no amor e no respeito, não no medo e no desrespeito. Se você está em um relacionamento que não honra quem você é, pode entrar em um período de cura e limpeza para que ambos retornem ao amor e ao respeito, começando por si mesmos e continuando um com o outro. É necessário iniciar consigo porque é preciso ter amor para dar amor; ter autorrespeito para dar respeito. A relação tem que ser pautada no respeito. Se não há respeito, mais cedo ou mais tarde haverá mágoa.

O que quero dizer com respeito? Se estou em um relacionamento com você, respeito suas escolhas; não tento controlar suas decisões. Porque eu o amo, permito que você seja exatamente quem é. Não preciso concordar com você, mas respeito cada crença e cada escolha sua, porque o amo do jeito que é. Também respeito minha vida e não permito que você a controle. Se você não me respeita, ainda vou amá-lo, mas esse pode ser o fim. A única maneira de salvar nosso relacionamento é recuperar o respeito, melhorar a comunicação e criar novos limites. Dessa forma, a relação pode ser curada.

Amor-próprio é completamente diferente de egoísmo. O egoísmo diz: "Se você me ama, deve aguentar toda a minha bagagem emocional, suportar minha raiva e meus julgamentos e nunca me abandonar." Dizer aos outros que os ama e depois maltratá-los não é amor; é egoísmo. Como posso amá-lo e maltratá-lo ao mesmo tempo? Mantê-lo comigo, mesmo que eu o esteja maltratando, é egoísmo, não amor.

O amor-próprio dá a você o poder de quebrar todas as mentiras em que foi programado para acreditar — mentiras que dizem: "Não sou bom o suficiente;

40 O Círculo de Fogo

não sou bonito o suficiente; não sou forte o suficiente; não vou conseguir." Com amor-próprio, você não tem mais medo de enfrentar responsabilidades, de encarar problemas e resolvê-los assim que surgem. Por quê? Porque você pode confiar completamente em si mesmo para fazer escolhas para o próprio bem e nunca criar circunstâncias que o prejudiquem.

Com amor-próprio, você valoriza sua presença. Gosta do que vê quando se olha no espelho, e o sorriso largo no rosto realça sua beleza interior e exterior. Com amor-próprio, você não precisa seguir uma falsa imagem de perfeição ou tentar provar que é bom o suficiente para ser amado.

Quando tem amor-próprio, você não vive mais de acordo com as opiniões dos outros. Não precisa que o aceitem ou digam que é bom, porque sabe o que é. Com amor-próprio, você não tem medo de compartilhar seu amor, porque seu coração está completamente aberto.

Hoje pode ser o dia em que você vivencia a beleza de ser quem é. Hoje pode ser o dia em que você se reconecta com seu espírito e expressa todo o amor em seu coração. Concentre-se no que está sentindo neste momento. Sinta o desejo de estar vivo, o anseio por amor e alegria, a vontade de criar algo maravilhoso para compartilhar com os outros. Sua maior missão é se fazer feliz e compartilhar seu amor, sua alegria e sua felicidade.

Agora vamos ter outra comunhão de amor com nosso Criador. Sinta estas palavras vindo diretamente do seu coração para aquEle que o criou.

ORAÇÃO PARA O AMOR

Hoje, Senhor, ajuda-me a aceitar-me como sou, sem julgamento. Ajuda-me a aceitar minha mente como ela é, com todas as emoções, as esperanças e os sonhos, e minha personalidade única. Ajuda-me a aceitar meu corpo como ele é, com toda a sua beleza e perfeição.

Hoje, Senhor, limpa minha mente do veneno emocional e do autojulgamento, para que eu possa viver em paz e amor. Que o amor por mim mesmo seja tão forte que eu nunca mais me rejeite ou sabote minha felicidade e liberdade. Permite que eu me ame e me aceite sem julgamento, porque, quando me julgo, considero-me culpado e então preciso me punir.

Com o poder do amor-próprio, permite que todos os meus relacionamentos sejam baseados em amor e

44 O Círculo de Fogo

respeito. Ajuda-me a abandonar a necessidade de dizer aos outros como pensar ou ser. Permite que eu aceite as pessoas que amo exatamente como são, sem julgamento, porque, quando as julgo e as culpo, considero-as culpadas e quero puni-las. Ajuda-me, Senhor, a amar tudo o que Tu crias sem condições, porque quando rejeito Tua criação, rejeito a Ti.

Hoje, Senhor, ajuda-me a recomeçar minha vida com o poder do amor-próprio. Ajuda-me a explorar a vida, a correr riscos e a amar-me incondicionalmente. Permite que eu abra meu coração para o amor que é meu por direito, para que eu possa compartilhá-lo aonde quer que vá. Amém.

HONRANDO O CORPO FÍSICO

O corpo físico é como um animal completamente leal a nós. Ele nos leva aonde queremos; nos dá todos os prazeres da vida: comer, beber ou simplesmente correr na praia e brincar. E o que fazemos? Maltratamos nosso corpo físico, o julgamos, nos envergonhamos dele. E, assim, nosso corpo físico sofre. Ninguém o maltrata mais do que nós mesmos. Tratamos nosso cachorro ou gato de estimação melhor do que tratamos nosso próprio corpo. Nós que não somos leais a ele.

Oração para o amor 45

Houve um tempo em que eu julgava meu corpo físico o tempo todo. Quando o olhava no espelho, pensava: "Ah, não, não gosto dele." Você consegue imaginar como é egoísta não gostar do próprio corpo quando ele faz tudo o que pode por você? Hoje, amo meu corpo físico. Não tenho vergonha alguma dele. Sou generoso e dou a ele tudo de que precisa.

Seu corpo físico o ama incondicionalmente. Mesmo que você o julgue, o rejeite e não goste dele, seu corpo é leal. Ainda que ele esteja envelhecendo ou se sentindo doente, continua a fazer o melhor que pode. Tomar consciência disso é o bastante para encher seu coração de gratidão pelo presente que é seu corpo.

Hoje, proponho que você comece um relacionamento novo com seu corpo físico. Proponho que você o trate como trataria uma pessoa preciosa e amada. Pare de ser egoísta e dê a seu corpo tudo de que precisa para ser saudável e feliz. Você é capaz de fazer isso?

Hoje é um novo dia, um novo começo para agradecer ao seu corpo físico por tudo o que ele faz por você. Quando você aprende a amá-lo, cada atividade pode se tornar um ritual de gratidão, no qual você expressa plenamente a alegria de estar vivo. Cada vez que você lava seu corpo pode ser uma oração de gratidão a Deus. Cada vez que você come pode ser mais que uma oração,

46 O Círculo de Fogo

tornando-se uma celebração da vida, porque você está dando alimento a Deus para que a vida continue. A partir de hoje, você pode mudar seu relacionamento com seu corpo físico. Toda a sua vida mudará.

ORAÇÃO PARA O CORPO FÍSICO

Hoje, Criador, prometo fazer um novo acordo com meu corpo físico. Prometo amar meu corpo incondicionalmente, assim como ele me ama. Prometo protegê-lo e cuidar dele. Nunca mais o rejeitarei, o maltratarei ou me envergonharei de sua aparência. De agora em diante, aceitarei meu corpo físico como ele é. Desfrutarei dele e serei grato por todos os prazeres da vida que ele me proporciona.

Perdoa-me, Criador, por acreditar em todas as mentiras sobre meu corpo físico. Perdoa-me por julgá-lo contra uma falsa imagem de perfeição. Perdoa-me por tudo de que não gostei nele.

Hoje, Criador, ajuda-me a ver meu corpo físico como um templo vivo onde Tu habitas. Ajuda-me a respeitar

48   O Círculo de Fogo

meu corpo, a amá-lo e honrá-lo. Sei que tratá-lo com respeito, amor e honra é respeitar, amar e honrar Tua criação. Ajuda-me, Criador, a dar ao meu corpo físico tudo de que ele precisa para viver em perfeita saúde, harmonia e felicidade contigo. Amém.

4

GRATIDÃO

A gratidão deve começar com aquEle que nos criou, porque recebemos o maior presente dEle: a *vida*. Como demonstrar nossa gratidão sincera a Deus e agradecer do fundo do coração? A melhor maneira de fazer isso é receber a dádiva e agradecer desfrutando dela, vivendo ao máximo. Para muitos de nós, é fácil dar, mas muito difícil receber. Quando aprendemos a praticar a gratidão, passamos a receber com mais facilidade e não sentimos culpa, porque sabemos que, com isso, permitimos que o outro sinta a satisfação de contribuir. Por exemplo, se alguém prepara uma refeição para você, a melhor maneira de agradecer o presente é comer com

50 *O Círculo de Fogo*

gosto a comida. Quem cozinha para você fica satisfeito pelo simples fato de ver seu deleite. Se você prepara uma refeição para seus filhos e vê que eles gostam da comida, tem vontade de continuar cozinhando pelo resto da vida só para ver as reações deles!

Isso também vale para a vida. Nosso Criador nos dá o dom da vida, e a maneira de dizer "Obrigado, Deus, pela vida" é aproveitá-la, vivê-la intensamente, em nossa essência. A vida está passando muito rapidamente. Podemos chegar aos cem anos, e, ainda assim, ela será curta demais. O que fazer com a vida? Devemos viver sentindo pena de nós mesmos? Criando conflitos com aqueles que amamos, julgando-os, tentando controlá-los ou dizendo como queremos que sejam? Com medo de estar vivos e de expressar o que somos? Quando vivemos de verdade é que expressamos a gratidão pela vida, e não quando estamos nos escondendo em um canto ou observando enquanto ela passa. O maior medo que temos não é de morrer, e sim de estar vivos, de ser nós mesmos, de falar o que sentimos, de pedir o que desejamos, de dizer sim quando queremos dizer sim e não quando queremos dizer não. Expressar o que está no coração é estar verdadeiramente vivo. Se fingimos ser o que não somos, como podemos estar vivos de verdade? Viver com gratidão é aproveitar cada momento deste presente precioso que vem de Deus. Não precisamos dizer "Obrigado, Deus" pela vida; podemos demonstrar nossa gratidão vivendo com felicidade e amor. A gratidão é uma das maiores expressões de amor. Quando dominamos a prática da gratidão, damos nosso amor generosamente, porque sabemos que ele é infinito. Tudo o que damos, não importa o que seja, damos com generosidade, porque nosso Criador é muito generoso conosco. E sabemos que somos dignos de receber tudo o que há de bom, porque viemos de Deus, e Ele é tudo o que existe. Se Deus está em toda parte e presente em todas as coisas, então como poderia Ele negar os presentes da vida a Suas próprias criações?

Hoje é um dia maravilhoso para ser grato, para expressar toda a gratidão que tem em seu coração. Por que não praticá-la em todos os momentos até dominá-la, até que se torne um hábito? Quanto mais você pratica a gratidão, mais vê que há muitos motivos para ser grato, e sua vida se torna uma celebração contínua de alegria e felicidade. Quando você passa a ser sempre grato, percebe Deus em tudo, e sua reação é amor e gratidão pela maior dádiva de todas, a vida.

Sugiro que vivamos o resto da vida gratos, valorizando o que recebemos pelo simples fato de estarmos vivos. Estar vivo e ter o prazer de respirar é suficiente para encher o coração de gratidão.

52 O Círculo de Fogo

Vamos comungar amor com nosso Criador. Sinta estas palavras como se estivessem vindo do seu âmago. Juntos, com um só coração, vamos enviar estas belas palavras de gratidão àquEle que nos criou.

ORAÇÃO PARA A GRATIDÃO

Hoje, Criador do universo, meu coração está repleto de gratidão pelo dom da vida que me deste. Obrigado pela oportunidade de viver neste belo corpo e nesta mente maravilhosa. Hoje, Senhor, quero expressar minha gratidão por tudo o que recebi de Ti.

Sei que a melhor maneira de agradecer pela vida é aproveitar plenamente cada momento dela. E a única forma de aproveitar cada momento é por meio do amor. Hoje, expressarei todo o amor e a felicidade que existem em meu coração. Amarei Tuas criações, amarei a mim mesmo e amarei as pessoas que vivem comigo. Sei que a vida é curta demais para desperdiçar tempo em lamúria e conflito com aqueles que amo. Desfrutarei de suas presenças, respeitando suas escolhas assim como respeito as minhas.

54   O Círculo de Fogo

Hoje, receberei com graça Tuas dádivas ao desfrutar delas e apreciar a beleza de toda a Tua criação. Ajuda-me a ser tão generoso quanto Tu és, a compartilhar o que tenho com generosidade, assim como Tu partilhas Teus dons tão generosamente comigo. Ajuda-me a dominar a prática da gratidão, da generosidade e do amor para que eu possa desfrutar de todas as Tuas criações.

Hoje, Senhor, ajuda-me a manifestar minha criação assim como Tu manifestas o universo, a expressar a beleza de meu espírito na arte suprema do ser humano: a arte de sonhar minha vida. Hoje, Senhor, entrego a Ti toda a minha gratidão e o meu amor, porque me deste a vida. Amém.

5

HUMANIDADE

Eu acredito em anjos. A palavra "anjo" significa *mensageiro*". Tudo o que existe é uma manifestação de um único ser e se manifesta por meio de mensageiros. Os mensageiros entregam a vontade do único ser, e o mensageiro supremo é a *luz*.

A luz está viva e carrega a mensagem da vida por todo o universo. A luz, a mensageira divina, tem bilhões de frequências. Embora seja um único ser, ela se divide para a criação da vida em nossa bela Mãe, o planeta Terra. Cada vibração de luz tem uma mensagem específica para cada tipo de vida que existe neste mundo maravilhoso. Há uma frequência específica de luz que

56 O Círculo de Fogo

carrega informação para a criação dos humanos. Esse raio de luz se manifesta como DNA e só cria humanos — você e eu. Somos seres de luz porque somos seres de energia. A força da vida que se manifesta sob a forma de seres humanos reconhece a própria espécie. É a alma da humanidade, e é um grande anjo. A alma da humanidade é uma mensageira; *você* é um mensageiro, e sua mensagem é sua vida.

A verdadeira mensagem que os humanos vêm tentando transmitir está no seu coração. Por muitos anos, transmitimos a mensagem errada: uma mensagem de medo, egoísmo, raiva, violência e injustiça. Essa mensagem não é nossa. Os humanos foram feitos para o amor; nossa função é amar. É da natureza humana compartilhar o amor, porque viemos do amor, da luz, do nosso Criador. Nossa natureza é amar e brincar, aproveitar a vida e ser feliz.

Temos uma mensagem para transmitir, primeiro a nós mesmos e depois uns aos outros: lembrar o que realmente somos, a nossa verdadeira natureza, e nos tornar o que somos de verdade. Não importa onde nascemos ou a língua que falamos. Somos um único ser; viemos do mesmo raio de luz e temos a mesma mensagem: amor e alegria.

Você pode recuperar a integridade que perdeu quando criança. Pode recuperar a mensagem que não transmitiu

Humanidade 57

por tanto tempo e começar a disseminá-la de novo. A voz da integridade, a voz do seu espírito, está sempre falando com você, mesmo que você não queira ouvir. E ela está dizendo: "Eu te amo." Em cada atividade de sua vida, você é capaz de expressar a verdadeira mensagem do seu coração, aquela que está sentindo agora. Quando você expressa aquilo que realmente é, emana somente beleza, alegria, respeito e felicidade.

Imagine hoje todo o amor fluindo do seu coração para todas as pessoas que precisam dele. Una seu coração ao meu, e, juntos, vamos oferecer nosso amor ao mundo. Ao nos juntarmos e enviarmos amor para toda a humanidade, chegará o momento em que o coração de todos reagirá ao nosso sentimento. Eles também expressarão seu amor, da mesma forma que o estamos expressando.

Vamos fortalecer nosso amor e enviá-lo a nossos lares, a quem vive conosco. Vamos abençoar nossas casas e famílias. Com essas bênçãos, vamos perdoar os outros e receber no coração todo o perdão deles por qualquer questão que possa ter nos afastado.

Vamos unir os corações e criar ainda mais amor para enviar à nossa comunidade, ao nosso país, a toda a humanidade. Juntos, vamos aumentar nosso amor até que ele se torne tão poderoso que possa ajudar quem está sofrendo neste momento. Vamos enviá-lo a todas as crianças que

58   *O Círculo de Fogo*

não têm mais pais ou que estão sendo maltratadas. Vamos enviá-lo para que elas possam sentir a presença do espírito divino com elas.

Vamos enviar nosso amor aos sem-teto e aos menos afortunados. Àqueles que estão em hospitais, aos moribundos, aos que estão sofrendo dor física e emocional. Vamos enviar nosso amor para que eles possam sentir um toque do espírito no coração. Vamos enviar nosso amor às pessoas que vivem na prisão — não importa o que tenham feito. Vamos enviar nosso amor sem julgá--las, porque elas têm muita necessidade dele.

Vamos enviar nosso amor para onde há guerra, a todas as famílias que perderam filhos e entes queridos. A todas as pessoas que são vítimas de qualquer tipo de desastre neste mundo, sem sentir pena delas, porque é de amor que elas precisam.

Vamos unir os corações e fortalecer nosso amor ainda mais. E vamos enviar esse amor a todos os lugares onde tiranos se aproveitam de inocentes, a todas as partes onde pessoas maltratam as outras, para que eles possam receber um toque de compaixão.

Juntos, amando toda a criação, vamos dar nosso amor àquEle que nos criou. Vamos enviar nosso amor ao mundo inteiro, a cada órgão de nosso ameaçado planeta Terra — às florestas, à atmosfera, aos oceanos, a qualquer lugar onde ele seja necessário.

Quero enviar meu amor a você, ao seu coração. Quero que você pegue esse amor e o use para não mais se julgar, não mais se culpar, mas para se perdoar e perdoar qualquer pessoa que tenha machucado você. Então preencha seu coração de amor suficiente para aceitar a si mesmo e se honrar como uma criação de Deus.

Eu acredito em anjos. Acredito em você. Acredito em mim. Acredito em nós. Vamos transmitir ao mundo a mensagem mais importante que há: o nosso amor, o nosso ser — a nossa *vida*. Unidos, nosso amor se tornará mais forte e mais poderoso. Se vivermos uma vida pautada na gratidão e no amor, traremos o paraíso à Terra. Agora, concentre-se em seu coração, em seus sentimentos, e sinta a verdadeira mensagem que vem deles. Sinta cada palavra desta oração em seu coração enquanto temos uma comunhão de amor e de alegria com nosso Criador.

ORAÇÃO PARA A HUMANIDADE

Hoje, Senhor, ajuda-me a transmitir a verdadeira mensagem da humanidade: a mensagem da alegria e do amor. Ajuda-me a transmitir essa mensagem à minha mente, à parte de mim que está sempre me julgando e me maltratando. Permita que eu transmita essa mensagem à parte de mim que julga outros seres humanos. A partir de hoje, ajuda-me a livrar minha mente de todas as mensagens falsas que transmito a mim mesmo, a toda pessoa, a cada forma de vida neste lindo planeta.

Hoje, Senhor, manifestarei Teu amor em cada palavra que expresso, em cada ação que tomo, para que tudo o que eu faça se torne um ritual de amor para Ti. Eu Te amo tanto, que Te vejo em toda parte. Não há

62 O Círculo de Fogo

como Te esconderes de mim, porque meu amor sempre Te encontrará.

A partir de hoje, respeitarei toda criação e as tratarei da maneira como Te respeito e Te trato. Verei a Ti nos olhos de todos os humanos — por trás de suas máscaras, por trás das imagens do que fingem ser. Respeitarei a *vida* que se manifesta através de mim para que, toda vez que me olhar no espelho, eu enxergue a beleza de Tua manifestação.

Obrigado, Senhor, por me criar, para que eu possa perceber a beleza de Tua manifestação. Obrigado por me dar um corpo emocional, para que eu possa estar em êxtase apenas por sentir Tua presença divina. Sei que Tu és minha força vital, meu Criador. Juntos podemos criar o sonho mais belo — um sonho de amor, paz e alegria. Juntos podemos criar o paraíso na Terra, para a eterna felicidade da humanidade. Amém.

6
SILÊNCIO INTERIOR

Quero que volte sua atenção para seu silêncio interior, um lugar dentro de você que é a origem de tudo o que você é. É um local privado, um pequeno espaço de criação e de escolhas multidimensionais, onde o sonho da vida começa.

Relaxe o corpo. Solte qualquer tensão. Deixe para trás qualquer problema da vida. Abandone qualquer pensamento ou julgamento. Ignore tudo e permita-se estar presente no eterno agora. Este é um momento para se desconectar do resto do mundo, para se desapegar da realidade que você conhece.

Ignore qualquer ruído ao seu redor. Ache a posição mais confortável que conseguir, para evitar se mover.

64 O Círculo de Fogo

Vamos testar sua força de vontade contra a tentação de mexer o corpo. O que é mais forte, sua tentação ou sua força de vontade? Quando estiver imóvel, você pode se sentir tentado a se mexer, a ajustar o corpo ou a se levantar e ver o que está acontecendo ao seu redor. Use sua força de vontade e não se mova. Mesmo que sinta uma mosca no rosto, não se mexa, não coce! A única coisa que deve se mover são os seus pulmões. Se tiver força de vontade, você não fará qualquer movimento.

Depois de ficar imóvel por um tempo, você pode começar a sentir diferentes sensações corporais. Talvez sinta que sua cabeça é grande, ou que suas pernas e braços são estranhos. Quando começar a ter essas sensações, estará perto de fazer a mente parar de pensar. Entre o fim de um pensamento e o início de outro há um espaço, e é nele que você entrará em contato com seu silêncio interior. Ele é um lugar de escolha, no qual cada pensamento na mente é criado. É o local em que o sonho começa, no qual você pode testemunhar a criação do pensamento.

Após encontrar o silêncio interior em sua mente, todos os seus sentidos vão despertar. Você talvez ouça pássaros cantando e tenha uma sensação de comunhão com eles. Talvez ouça a chuva e experimente uma comunhão com ela. Pode ser que escute uma música bonita, ou apenas silêncio e as batidas do seu coração.

Silêncio interior **65**

Sinta-se percebendo esses sons, criando belas emoções dentro de si.

Agora volte toda a sua atenção para os pulmões. Imagine que só existem seus pulmões e o ar. Sinta o ar neles como nunca antes. Perceba sua reação emocional a cada inspiração. Você e o ar têm a mais maravilhosa comunhão.

Inspire lentamente, sinta o ar expandindo seus pulmões. Sinta o regalo enquanto isso acontece. Prolongue essa sensação aprazível inspirando muito lentamente e, então, prenda o ar nos pulmões até sentir a necessidade de soltá-lo.

Expire muito, muito lentamente, entregue-se à sensação do ar deixando seus pulmões. Continue soltando-o até precisar inspirar de novo. Inspire devagar mais uma vez, o máximo que conseguir, e então solte o ar aos poucos. A cada inspiração e expiração, sinta o prazer e a alegria de estar vivo, de respirar. É algo tão simples a que nem sempre damos o devido valor.

Agora, quero que você se concentre em suas emoções. Imagine que o ar é feito de amor. Cada vez que você inspira, o amor preenche seus pulmões e todas as partes da sua cavidade torácica. Sua reação emocional é aceitar todo o amor adentrando seu corpo, e você reage amando essa conexão maravilhosa. Você não tem medo de receber todo esse amor e o desfruta como nunca. Prolongue

66 O Círculo de Fogo

esse prazer expandindo seus pulmões ao máximo, até ter a necessidade de expirar.

Inspire lentamente mais uma vez. Enquanto o amor enche seus pulmões, permita que ele transborde para seu coração. Abra seu coração e deixe o amor preenchê-lo. Quando ele estiver todo preenchido, sinta o amor correndo por suas veias e artérias e ocupando cada parte do seu corpo. Imagine uma cura completa para seu corpo físico e sua mente.

A cada inspiração, imagine todo esse amor indo para seu coração e circulando por seu corpo, limpando cada emoção e cada conceito em sua mente. Sinta o amor entrando em cada célula, cada órgão e cada espaço possível. Sinta seu corpo inteiro sendo purificado e limpo. Visualize o amor limpando quaisquer toxinas e qualquer dor que possa existir no seu corpo. Veja seu sangue carregando tudo o que não lhe serve mais.

Inspire todo o amor que puder absorver, então expire tudo de que não precisa mais. Use todo o amor que existe fora de você para despertar todo o amor que existe dentro de você. Inspire todo o amor mais uma vez, expire lentamente e envie todo o seu amor ao mundo, sem qualquer resistência. Imagine que você não tem medo de dá-lo. Ele é tão grande que, mesmo compartilhando-o com o mundo inteiro, continua existindo em você.

Continue usando sua imaginação e, agora, pense que cada átomo do seu corpo é uma estrelinha. Pense no seu corpo como um universo formado por bilhões e bilhões de estrelinhas. Imagine que tudo é feito de estrelas. As estrelas e o espaço entre elas são a única coisa que existe.

Esse espaço entre as estrelas é muito maior do que o que as próprias estrelas ocupam, mas ele não está vazio; está preenchido com luz. Essa luz contém a força que move as estrelas e dá forma aos átomos, às moléculas, a tudo. A luz carrega toda a sabedoria e a informação do universo. A luz é uma mensageira, e a mensagem é a *vida*. É a *vida* que cria as estrelas; é a *vida* que cria os átomos no nosso corpo; é a *vida* que é a mensageira da palavra. A *vida* é uma força; é energia pura e é seu *verdadeiro* eu. Imagine que você é *vida* e está passando por todas as coisas, todos os lugares. Você está sempre em ação, sempre se transformando. Imagine-se como um recém-nascido que cresce diante de seus olhos, tornando-se uma criança, um adolescente, um adulto, um idoso, um corpo vazio sem vida, sem você. Imagine que você é a força responsável por fazer todo o processo acontecer, a força que age em toda espécie no universo: todo ser humano, todo peixe, toda planta e toda árvore.

Você é a força que faz uma rosa desabrochar. Você é a força que inicia os pensamentos em sua mente. Você é a força que cria todo o seu sonho por meio do conheci-

68 *O Círculo de Fogo*

mento e da imaginação, da memória e de emoções. Sem você, sem *vida*, todo o sonho se dissolve e a consciência desaparece. Você é consciência pura, e a matéria física é um espelho para a luz que é a *vida*. Sem você, seu corpo simplesmente desabaria e se desintegraria. Mas você, a força vital, é eterna.

Agora imagine que a *vida* é a mesma força que o *amor*. Inspire e expire. A cada respiração, o amor das estrelas se funde com o amor de todos os átomos do seu corpo e se torna um. A cada inspiração, seus pulmões se expandem, assim como as estrelas do seu corpo. A cada expiração, seus pulmões se contraem, assim como as estrelas do seu corpo. O microcosmo e o macrocosmo são um só. A cada respiração, todas as estrelas no cosmo se expandem e se contraem no mesmo ritmo em que as estrelas no seu corpo. Sinta a conexão entre o ritmo dos seus pulmões e a expansão e contração do cosmo. Esta é a comunhão de amor entre você e Deus.

Desde que nasceu, e, mesmo antes disso, você interage com a *vida*, com Deus, ou com o que também podemos chamar de *espírito divino*. Quando você se imagina como seus próprios pulmões e que o ar é feito de amor, a única coisa que respira é o espírito divino. Quando percebe a luz, tudo o que identifica é o espírito divino. Tudo o que você ouve e sente é o espírito divino. Talvez você nunca tenha notado que interage somente com o espírito divino, porque ele é a única coisa que existe. Sinta sua relação com o espírito divino, aquele que o cria. Cada respiração é o mais maravilhoso ato de amor para com ele. A cada inspiração, o espírito divino entra em você, e você se funde com ele, tornando-se um só. Todo o amor que você sente é o espírito divino entrando em você e o possuindo. A cada expiração, seu amor é tão intenso e profundo que você entra no espírito divino e se funde em um. E você não sabe mais se são os pulmões ou o ar — se você é você ou o espírito divino.

Continue usando sua imaginação e pense que a interação de amor entre você e o espírito divino é o que deu origem a você. Imagine que a fusão da respiração entre você e o espírito divino é o que deu origem ao universo inteiro.

No início, a única coisa que existia era o espírito divino. Era sem forma, pacífico e cheio de amor incondicional. Havia apenas escuridão infinita, porque não havia espelho para que ele se visse. O espírito divino podia sentir a própria presença, e se sentia maravilhoso, mas então teve um forte desejo de se ver. Então, ele criou você e conseguiu se ver, porque você é o espelho. Você reflete a beleza dele. Assim que o vê, ele fica com o coração tão cheio de amor que tem a necessidade de se fundir contigo. Então vocês se fundem, e ele fica sozinho de novo, mas se lembra de seu belo rosto e sente saudade. O espírito divino quer ver você de novo, e o desejo é tão forte que ele o recria e vê seu belo rosto mais uma vez. O amor é tão poderoso que ele tem a necessidade de se fundir com você. Então vocês se fundem, e ele fica sozinho novamente. Tem saudade de você e sente um desejo tão forte que o recria. Então vocês se fundem, e há criação, e vocês se fundem de novo, e de novo, e de novo.

Quando o espírito divino é matéria, ele sente o êxtase de Deus o atravessando; quando é sem forma, ele *é* esse êxtase passando através da matéria, dando forma a ela. O espírito divino, a luz de Deus, está indo e vindo, manifestando-se e deixando de se manifestar. Esse é o ritmo da vida, o verso do amor. É com essa interação que a vida cria as estrelas e a matéria — e a matéria se torna o espelho que reflete a luz. A matéria é uma reprodução eterna da luz. E nós, *luz*, nós, *Deus*, nos manifestamos em bilhões de diferentes criações para explorar e celebrar a vida.

Durante toda a sua vida, sem saber, você tem interagido com o espírito divino para criar, em conjunto com ele, um mundo de ilusão: o *sonho* da sua vida. Você nasceu um grande mágico, e com o dom da magia você cria sua história. Nela há centenas de personagens, mas a história baseia-se principalmente em você. Os demais personagens ajudam você a justificar suas interações com o espírito divino.

O silêncio interior, aquele espaço entre pensamentos, é o lugar em que você pode testemunhar a criação de diferentes imagens na mente. O silêncio interior é o lugar do conhecimento tácito, no qual você sabe tudo e percebe que existem diversas escolhas. Esse é o início do sonhar, e a partir desse lugar você pode começar a dirigir o sonho.

Nada é impossível para a *vida*. A *vida* tem o poder de criar qualquer coisa, sem limites. E, como você é a *vida*, pode mudar como num passe de mágica o sonho da sua vida. Deste ponto de vista, você pode deslocar sua consciência da mente racional para a realidade da luz e do amor. Com essa simples mudança de perspectiva, qualquer sonho se torna possível. E não só é possível, é fácil modificar o sonho. Você não precisa mais viver em um pesadelo; pode viver no paraíso. A escolha é sua. Você pode usar o silêncio interior para começar a abandonar todas as suas crenças sobre si mesmo.

Imagine o que você poderia fazer se realmente acreditasse que você é *vida*. Pense em tudo o que poderia fazer com a consciência de que você é uma manifestação de Deus. Não é apenas uma teoria. Você é *vida*. É a força

72 O Círculo de Fogo

que está criando o sonho na sua mente e que move seu corpo físico. Mas você não se resume a seu corpo físico; ele é apenas a maneira como você manifesta a luz de Deus nesta realidade. A vida existe sem a matéria que conhecemos, em todas as formas possíveis e em outras realidades. Existem milhões de realidades diferentes, e, por ser *vida*, você pode se manifestar através de qualquer uma das realidades que existem no universo.

Abra-se para a possibilidade de uma relação totalmente nova com Deus. Ela começa com a consciência. Estando consciente, você é capaz de perceber o espírito divino, de entender que tudo o que existe é uma expressão de Deus. Há apenas você e Deus; mais nada. Sinta a presença do espírito divino em seu corpo físico. Sinta a *vida* que está viva em você. Essa *vida* é Deus.

ORAÇÃO PARA A DIVINDADE

Obrigado, Criador, doador da própria vida, pelo dom da consciência que me deste. Obrigado por tudo o que recebi neste dia, em especial pela liberdade de ser quem realmente sou. Sei que sou espírito divino. Sei que sou a força que é *vida*, a manifestação de Teu poder que se torna a vida dos humanos. Ajuda-me a recuperar meu discernimento divino e a aceitar humildemente minha própria divindade.

Hoje, Criador, é um dia maravilhoso para uma comunhão de amor contigo. Sei que sou uma expressão de Teu amor divino. Permite que eu aceite Teu amor, porque sou digno dele, porque Tu me criaste, e Tu só crias perfeição.

74 O Círculo de Fogo

Hoje, Criador, usarei minha vida para expressar Tua vontade e compartilhar minha alegria aonde quer que eu vá. Obrigado pela oportunidade de imaginar as possibilidades que existem se eu mudar minha perspectiva e aceitar minha própria divindade. Amém.

7

O DIA DO CASAMENTO

Hoje pode ser o começo de uma nova vida para você. Hoje pode ser um dia especial para expressar o que você tem no coração.

Imagine que hoje é o dia do seu casamento. Você vai se casar e carrega a expectativa de alegria e felicidade no coração. Imagine que você é a noiva e que o homem com quem vai se casar é o parceiro ideal para você. Ele é exatamente o tipo de pessoa com que você sempre sonhou. Tudo está perfeito, e você quer estar pronta para essa união.

O que significa estar pronta? Como você vai tratar aquele que ama tanto? Como vai tratar a pessoa que

76 O Círculo de Fogo

permite que você se expresse por inteiro, que respeita sua liberdade e não tem necessidade de controlá-la? Como vai tratar a pessoa que a ama exatamente como você é, e não apenas isso, mas *por causa* do que você é; a pessoa que nunca a maltrata ou lhe dirige palavras indelicadas; a pessoa que a respeita tanto que você pode ser, fazer e sentir o que quiser?

Você está pronta para esse relacionamento? Vai permitir que seu amado seja ele mesmo, sem julgamentos? Vai amá-lo exatamente como ele é, sem tentar mudá-lo? Vai respeitá-lo e deixá-lo escolher o que ser, em que acreditar ou não? Vai amá-lo a ponto de nunca impor restrições à expressão da vida e do espírito dele? Você é capaz de amar dessa maneira?

Você está pronta para esse casamento? Consegue amar e dar seu amor, como seu amado faz? Consegue passar o resto da vida em completa comunhão com o amor, de modo a amar sem razão? É capaz de dedicar a vida inteira ao amor, de forma que cada expressão de sua vida, tudo o que você diz e faz, seja por causa do amor?

Assim como em um casamento com a pessoa amada, estar casado com o amor é uma escolha. Viver com amor é uma escolha. Feche os olhos por um instante e imagine como você se relacionaria com o mundo se o amor fluísse sempre por seu corpo. Imagine o que diria, sentiria e faria. Pense em como seriam suas relações com

O dia do casamento 77

sua mãe ou seu pai, seu cônjuge, seu filho ou sua filha, seus amigos, seu chefe ou seus colegas de trabalho, com qualquer pessoa na rua.

Pense que hoje, o dia do seu casamento, mudará sua vida para sempre em todos os aspectos. Imagine viver sem julgar ou culpar os outros. Por amar, você nunca fala mal de ninguém; a vontade de fofocar acabou. Você não tem nada a dizer além de palavras de amor sobre todos. Com os olhos do amor, toda a sua realidade mudou; tudo lhe parece bonito. Você enxerga a grandeza em todas as pessoas ao seu redor. Não importa o que elas digam; você consegue ver por trás de todas as feridas emocionais delas, por trás da raiva, do ódio, do ciúme. E você vê que todas essas emoções que emanam são apenas o resultado de terem sido maltratadas — principalmente por elas mesmas, por terem uma autoestima baixa ou inexistente.

Imagine como você se trataria se o amor fluísse através de você o tempo todo. O que pensaria sobre si mesmo? Que julgamentos faria a respeito de si próprio se o amor estivesse fluindo por você? Se você começasse a se tratar com amor, consegue imaginar todas as mudanças que ocorreriam na sua vida, como num passe de mágica? Você quase não ficaria com raiva. Nunca teria ciúme dos outros. Não haveria como sentir ódio. No mesmo instante, você abandonaria qualquer ressenti-

78 O Círculo de Fogo

mento que restasse em sua mente contra qualquer pessoa que o tenha machucado. Você nem teria necessidade de perdoar ninguém, porque não haveria nada a perdoar. Sua mente estaria completamente curada se o amor fluísse através dela.

Agora se lembre da sua vida antes de se casar com o amor. Onde estava o respeito por si mesmo? Quantas vezes você se julgou e se fez sentir mal? Quantas vezes se autodepreciou — não apenas para si próprio, mas também para os outros? Que tipos de limitações você impôs à expressão da sua vida? Como você tratava seu amado ou sua amada antes de se casar com o amor? Onde estava o respeito pela pessoa que você supostamente ama? Quantas vezes o orgulho o levou a entrar em conflito com aqueles que você mais ama? Se você for capaz de enxergar a maneira como tratava a si mesmo e aos outros antes de se casar com o amor, sem dúvida renunciará a esse tipo de existência e aceitará o amor em sua vida.

Durante um batismo, o pastor às vezes pergunta: "Você renuncia a Satanás? Você aceita Deus?" A pergunta que faço é parecida: você renuncia à maneira como costumava se tratar? Renuncia à forma como se julgava, se considerava culpado e punia a si mesmo e a todos os outros? Você aceita o amor em sua vida? Aceita que pode viver em um romance eterno com Deus? Este é

O *dia do casamento* 79

o verdadeiro significado do batismo: um casamento com Deus. Mas também podemos chamá-lo de casamento com o *amor*.

Quando permite que seu coração seja preenchido com amor-próprio, sua vida se transforma. Você não é mais o mesmo, porque renuncia ao medo, à raiva, à tristeza, ao ciúme. Abandona o sofrimento e o drama emocional e aceita o amor e a alegria em sua vida. E descobre que não precisa se esforçar tanto para ser feliz. Sua vida se torna fácil, maravilhosa e bela. Hoje pode ser o dia mais fantástico da sua vida. Hoje pode ser *de fato* o dia do seu casamento: o dia em que você tem um reencontro consigo mesmo — seu *verdadeiro* eu. Parece muito simples, e *realmente* é. Dificultamos tudo porque nós mesmos nos limitamos. Tornamos a própria vida insuportável e depois culpamos todos ao nosso redor: família, amigos, governo. Às vezes até culpamos Deus. Mas somos nós que criamos uma existência digna de um pesadelo. Não precisamos viver dessa maneira. Existe outra forma de ser, outro jeito de se relacionar consigo e com os outros: o amor. Amar é apenas uma escolha. Escolhemos o amor ou o medo; não podemos servir a dois mestres.

Os humanos afirmam ter livre-arbítrio, mas será mesmo verdade? Ter livre-arbítrio significa ter o poder de tomar uma decisão. Se temos esse poder, estamos de

80 O Círculo de Fogo

fato decidindo brigar com nossos pais? Estamos esco-
lhendo levar uma vida de conflitos com nosso amado ou
nossos filhos? Será *mesmo* essa a nossa escolha? É nossa
escolha ficar com raiva ou com ciúmes? Dizer ou fazer
coisas que não queremos e depois nos sentir culpados?
Será isso o livre-arbítrio?

Garanto que, se temos livre-arbítrio, se temos de fato
o *poder* de fazer uma escolha, a única escolha é Deus. A
única escolha é amor, alegria e felicidade. Se não fazemos essa escolha, não temos o poder de fazer a escolha,
o que significa que não temos mais livre-arbítrio. Mas
podemos recuperá-lo, o que não é difícil, a menos que
o dificultemos. Se nossa vida não está funcionando, é
por nossa causa, e não porque a vida é difícil. Se nosso
relacionamento não está funcionando, a responsabilidade é nossa; não podemos culpar o exterior.

Hoje pode ser o dia mais maravilhoso da sua vida. É
o dia perfeito para reavaliar seu relacionamento consigo
mesmo, com seu amado, com sua mãe e seu pai, seus
filhos, seus amigos, seu trabalho, seu chefe ou seus funcio-
nários. É o dia perfeito para reavaliar seu relacionamento
com Deus. Hoje pode ser o dia do seu casamento. Você
está pronto para o matrimônio?

O dia do casamento   81

Quero contar uma história minha. Houve um tempo em que eu havia esquecido o que eu era. Realmente não sabia o que era e sentia que devia justificar minha existência. Quando eu era adolescente, tive aula de filosofia no ensino médio. O professor dizia que, por milhares de anos, filósofos e pensadores haviam tentado explicar o significado da vida. Ele tinha grandes opiniões sobre o tema e falava com tanta autoridade que todos acreditavam nele. Então nos disse: "Vocês têm que encontrar o sentido da vida. Só assim podem encontrar a felicidade." Que mentira. Mas me pareceu verdade e acreditei nele. Tentei encontrar um sentido para minha vida, algo para justificar minha existência, para que não morresse sem que ninguém soubesse que eu tinha existido.

Procurei muitos sentidos diferentes da vida, até ficar tão confuso que não sabia mais o que estava procurando. Tentei ser o melhor em tudo; não me contentava com nada menos que isso. Entrei no mundo dos esportes e tentei provar que era bom. Cheguei até a assinar um contrato com um time de futebol profissional no México. Mas então, em certo ponto, tive que decidir entre o curso de medicina e o futebol profissional. Escolhi a faculdade porque fazia mais sentido, tinha mais importância. Eu me perdi na ciência médica; me perdi em toda aquela importância pessoal. Estava deixando de viver a vida por tentar tão arduamente encontrar o sentido nela.

82 O Círculo de Fogo

Até que um dia tudo mudou. Conheci o amor da minha vida, minha maior professora, anjo da morte. Ela era muito bonita e, acredite ou não, costumava aparecer em meus sonhos. Eu sabia que um dia a encontraria em carne e osso e sabia que, quando a visse, não teria a menor chance com ela.

Criei toda uma mitologia sobre o anjo da morte — minha professora, minha amada — e me entreguei por completo a ela, porque essa era a única maneira de experimentar o prazer extremo da vida. O anjo da morte me ensinou muito, e abandonei muitas das minhas crenças antigas. Então, um dia, em minha mitologia, conheci alguém ainda melhor que o anjo da morte. Convenci-me de que o anjo da morte tinha me preparado para meu casamento com meu verdadeiro amor. Era isso. Eu tinha que me casar, ou ela nunca me aceitaria. Mas havia apenas um jeito de me casar com ela: com amor incondicional. Estaria eu pronto para esse casamento? Não tinha certeza, mas o anjo da morte me disse: "Sim, você está pronto. Você não tem nada a perder."

Então, com toda a minha coragem, pedi o anjo da vida, Deus, em casamento, e ela disse sim. Você consegue imaginar se casar com Deus? Bem, eu certamente não fui o primeiro a fazê-lo. Existem muitas religiões em que as pessoas renunciam ao mundo e se casam com Deus. Para mim seria igual; se eu me casasse com Deus,

O dia do casamento **83**

teria que renunciar ao meu mundo, ao meu antigo sonho. Eu amava Deus incondicionalmente, em todas as suas manifestações. Como poderia ir até ele com minhas antigas crenças, minha antiga história?

Na nova história, se algo não está funcionando em nosso relacionamento, é obviamente por minha causa. Como posso culpar Deus? Deus é perfeita; ela é maravilhosa; ela é bela. Quando vou ao cume de uma montanha e vejo a beleza de sua manifestação, sei que ela é a maior artista que já existiu. Todas as suas criações têm meu amor e respeito. Honro e sou grato à criação de Deus, mas nunca posso possuí-la, porque tudo pertence a ela.

Sei que Deus me ama exatamente como sou, então por que não me amar dessa maneira? Como posso me julgar injustamente ou machucar meu corpo físico? Se maltrato a mim mesmo, maltrato a criação de Deus.

Sei que este corpo físico morrerá algum dia. O anjo da morte pode levá-lo agora mesmo se quiser. Não terei arrependimentos, porque minha história está completa. Se ela me mantiver aqui, bem, então terei mais um dia para aproveitar minha lua de mel com Deus. Minha história é tão romântica; vivo em um romance infinito com Deus. Estou tão apaixonado por ela que vejo seu rosto em cada flor, em cada pessoa, em toda parte. Sei que, quando o anjo da morte levar meu corpo físico, ainda

84 O Círculo de Fogo

estarei com Deus. Não tenho dúvida alguma. Como posso ter medo de morrer quando tenho absoluta fé em Deus? Se algo de ruim acontecer comigo, não tem nada a ver com Deus. Vejo os reveses como dádivas, porque me dão a oportunidade de explorar outra parte da vida. Só vejo perfeição, porque Deus é perfeita.

Deus nos criou para sermos contadores de histórias e sonhadores. Minha fé está cem por cento investida nesta história, e acredito nela porque quero acreditar. Se vou criar uma história de qualquer maneira, e se tenho opções de histórias para criar, acho que esta é a melhor que posso imaginar. E adivinhe? Na minha história, você também está numa comunhão com Deus.

Esta é minha mitologia, e, por acreditar nesta bela história, vivo na mais maravilhosa fantasia, no mais maravilhoso sonho. Sei que é apenas isso, uma história, mas me lembro daquela em que eu acreditava antes de o anjo da morte vir até mim. Ela também não era verdade, mas nunca mais quero viver nem acreditar nela.

Só vejo Deus, e a amo tanto que ela não pode se esconder de mim. Se ela me ama, ótimo; se ela não me ama, tudo bem. Mas acredito que ela me ama e que sou digno de seu amor. Por que não? Há muito tempo, eu achava que não era digno. Como isso me parece estranho agora. Todos são dignos. Se você acha que não é digno de amor, está acreditando em uma mentira.

O dia do casamento 85

O anjo da morte vai prepará-lo para o dia do seu casamento ao permitir que você veja a beleza da vida. Você consegue dar conta de Deus? Consegue lidar com todo esse amor? Imagine-se no cume de uma montanha, fundindo-se com Deus, com toda essa beleza, com todo esse amor. Você gostaria de manter esse amor pelo resto de sua vida, certo? Não gostaria de viver assim sempre?

Você foi criado para reagir emocionalmente à beleza da criação. Para viver em êxtase e harmonia com tudo o que existe. Mas sua história não o deixa viver nesse êxtase, e minha história me mantém nele porque cada hábito, cada rotina que tenho é para amar, para aproveitar a vida, para me dedicar cem por cento a tornar qualquer sonho realidade. E não tenho grandes ambições a não ser continuar criando esta bela história e compartilhá-la aonde quer que eu vá.

Hoje pode ser o dia mais importante da sua vida, aquele em que você finalmente muda sua história. Pode ser o dia do seu casamento. Mas, para estar pronto para se casar, você tem que resolver alguns assuntos pendentes. Precisa dizer "Eu te amo" a todas as pessoas que ama e lhes falar que você quer que sejam felizes. Para serem felizes, elas precisam do seu perdão, *sentir* que você as perdoa. Você não precisa telefonar para elas nem sofrer nesse processo. Sofrer é uma escolha. Ser feliz e viver em um romance divino com a vida também é uma escolha.

86 O Círculo de Fogo

Em todas as escolas de mistério, o dia do casamento é chamado de *cerimônia do fogo*. É o momento de iluminação no qual nos fundimos com a *vida*. É o casamento com aquele que nos criou e, portanto, o dia em que a divindade retorna a nós.

Feche os olhos por um instante e ache uma posição muito confortável. Imagine que você está pronto para seu casamento. Imagine que seu coração está cheio de amor. Seu amado, Deus, está esperando no altar, e faltam apenas alguns minutos para você se render ao amor em seu coração. Você vai se dedicar ao relacionamento mais maravilhoso: à sua união, ou reunião, com seu Criador.

Imagine todo o seu amor irradiando do belo sorriso em seu rosto, de seus olhos e de seu coração. Sinta o coração gritando: "Eu aceito. Aceito você, Deus. Aceito você, amor. Aceito." Entregue-se completamente à bondade do amor e, com ele, deixe todos à sua volta saberem como você os ama. Simplesmente dizer "eu te amo" basta para experimentar a própria divindade.

Imagine a força da *vida* atravessando seu corpo físico. Você sente uma comunhão de amor com o Criador e está pronto para compartilhar a alegria de sua união com todos. De agora em diante, sua vida representa uma união com Deus. Sua vida é dedicada ao amor, à alegria e à felicidade.

Este é o paraíso na Terra, e ele está em suas mãos. O paraíso na Terra é um casamento no qual Deus é o noivo e você é a noiva, e vocês vivem em uma eterna lua de mel.

8

O CÍRCULO DE FOGO

Esta bela oração é chamada de O Círculo de Fogo. "Círculo" porque representa a terra; "fogo" porque representa o espírito. Mais que uma oração, O Círculo de Fogo é um acordo matrimonial com Deus, nosso Criador. Estamos propondo um novo relacionamento com Deus, e não importa se Ele aceita ou não, embora com certeza aceite.

O importante é que aceitemos o acordo em nossa metade do relacionamento, que façamos nossa parte, que vivamos seguindo esse acordo.

Se investirmos nossa fé nesta oração, se seguirmos este acordo, poderemos criar o paraíso na Terra. Praticar

90   O Círculo de Fogo

esta oração é o suficiente para vivermos sempre com felicidade e amor. É simples e fácil. Mas não basta dizermos a oração; precisamos *viver* a oração. Viver a oração é alinhar nossa intenção com nossa palavra, depositar a fé nesta e sentir a reação no corpo emocional. Nosso corpo emocional percebe o significado da palavra, reage a ela, e a reação é amor emanando de nós. Nessa reação, recuperamos nossa divindade, depositamos nossa confiança em Deus, e toda a nossa vida muda.

Acomode-se e feche os olhos. Respire fundo e silencie a mente por completo. Diga esta oração muito lentamente, palavra por palavra, de todo o coração. Sinta todo o poder nesta oração, todo o amor e toda a intenção. Abra o coração e liberte todo o seu amor. Não resista às emoções; não resista ao seu amor. Solte-se e prepare-se para uma comunhão com nosso Criador.

O CÍRCULO DE FOGO

(Diga a data de hoje)
O dia do Senhor
quando a divindade retorna a mim
quando vivendo meu livre-arbítrio
e com todo o poder do meu espírito
decido viver minha vida
em livre comunhão com Deus
sem expectativas

Viverei minha vida com gratidão
amor, lealdade e justiça
começando por mim
e continuando com meus irmãos e minhas irmãs

92   O Círculo de Fogo

Respeitarei toda a criação
como símbolo de minha comunhão de amor
com aquEle que me criou
para a felicidade eterna da humanidade.

Viver esta oração significa estar vivo, estar apaixonado, ser quem você é de verdade. Este é o propósito
desta oração. Você pode mudar a história da sua vida
a qualquer momento. Você é o artista, e sua vida é
sua obra de arte. Cada palavra desta oração carrega
a intenção de curar sua mente por completo. Ela
pode curar todas as feridas do seu corpo emocional
e ajudá-lo a se livrar de tudo o que o mantém preso
ao conflito e ao sofrimento. Com isso em mente, re-
citemos a oração mais uma vez, agora passo a passo,
para que você possa compreender o significado de
cada frase.

(Diga a data de hoje)...

O propósito de dizermos a data é estarmos presentes
no eterno agora. Hoje, este momento, é o eterno agora.
Não existe passado, não existe futuro. O tempo é uma
ilusão; a vida é um eterno momento presente. Hoje é o
dia da criação, e agora é o instante da criação.

Ao dizer a data, você anuncia que hoje é o dia em que faz um novo acordo. Não importa o que aconteceu há uma semana ou há uma hora. O importante é sua intenção neste momento, o que você está sentindo neste instante de criação. É uma decisão que você toma hoje, uma escolha contínua que faz todos os dias, a cada segundo. Se quiser, pode incluir também a hora do dia, porque o que importa não é daqui a cinco minutos ou uma hora. Se você quebrar o acordo daqui a uma hora, tudo bem. Mas então você deve refazê-lo e continuar refazendo-o até não o quebrar mais.

O dia do Senhor...

Todo dia é dia do Senhor, pois só Ele, nosso Criador, existe. Você reconheceu o dia dEle e crê no Senhor com toda a fé. Neste dia, você estabelece um compromisso com Deus, e este é um ato de poder.

Quando a divindade retorna a mim...

Refere-se ao momento em que você recupera a consciência do que realmente é: aquele que está criando este momento. Este é o dia da sua iluminação, quando você reconhece sua divindade e se funde ao único ser

94 O Círculo de Fogo

que existe. Você, o humano, desperta e se reúne com seu verdadeiro eu, Deus. Aquilo que você pensava ser desaparece e se dissolve na divindade. Você assume a responsabilidade por seu ser divino e, neste momento, recupera sua fé, retoma sua autoridade, e tudo se torna possível. Você tem autoridade sobre si mesmo, sobre sua própria vida. Você reivindica seu direito de estar vivo, de se expressar no mundo, e fica evidente que está no paraíso.

Quando vivendo meu livre-arbítrio...

Significa que, por estar no paraíso, você está enfim livre para escolher. Você recupera seu arbítrio e, no momento em que seu arbítrio se livra, cria um novo acordo com a vida. Você escolhe viver em comunhão com Deus, porque é isso o que deseja. Não é porque sua religião diz que você precisa estar com Ele. Não é por medo. Não é uma escolha do ego ou da imagem social. É *sua* escolha, sua decisão, porque você *quer* tomá-la.

Quando seu verdadeiro eu toma uma decisão, ele não escolhe medo, inveja, raiva, conflito ou qualquer coisa que o prejudique. Mais uma vez, se você escolhe viver dessa maneira, não é seu verdadeiro eu que está decidindo. Quando você vive seu livre-arbítrio, a única escolha possível é Deus, é o amor, é a felicidade. Depois que você toma consciência do que realmente é, sua escolha é permanecer nesse estado, ser divino, viver no amor pelo resto da vida.

E com todo o poder do meu espírito...

Significa que você sustenta sua decisão com todo o poder da sua vontade e da sua fé. Este é o momento do seu casamento com Deus, o momento da iniciação do fogo, porque seu espírito é esse fogo — é a divindade em você. Primeiro você recupera seu livre-arbítrio, que lhe dá poder suficiente para escolher, para estabelecer um acordo de viver com Deus. Então, você invoca todo o poder do seu espírito para manter esse acordo. Agora você compreende o que é capaz de fazer quando recupera o livre-arbítrio: manifestar sua intenção com todo o poder do seu espírito.

Decido viver minha vida em livre comunhão com Deus...

Significa que você decide viver amando a Deus, amando seu eu divino. Aqui, você declara que está tomando uma decisão irrevogável e firmando um compromisso

96 O Círculo de Fogo

com Deus. Agora você está em um relacionamento de compromisso. Toda a sua fé está depositada nele; toda a sua autoridade está ali.

Sem expectativas...

Significa que você abre mão do apego aos resultados, porque não sabe o desenrolar das coisas. Sabe que está casado com Deus e que aceita sua própria divindade. Desapega-se dos resultados porque eles não importam quando você está comprometido com o amor. Ao viver em livre comunhão com Deus, você abre o coração e ama incondicionalmente. Ama sem motivo, sem ambições. Por não ter expectativas, você se entrega e continua dando sem esperar nada em troca. Seu amor é incondicional porque você sente prazer em amar.

Viverei minha vida com gratidão, amor, lealdade e justiça...

Nesta parte do acordo, você sabe como vai escrever a história da sua vida. A decisão está tomada, e agora você expressa a forma do seu sonho. É assim que sua vida será quando você estiver expressando sua criação, sua arte, para toda a humanidade. É evidente como viverá,

O Círculo de Fogo 97

e você não aceitará nada menos que isso porque é livre, é feliz, é amor.

A partir de agora, você viverá com gratidão, e é fácil entender o porquê. A gratidão é uma das mais belas expressões do amor. Um simples "obrigado" abre todas as portas para diversas bênçãos da vida, vindas de todas as direções, mas em especial para o amor abundante.

Você viverá com amor, amará a si mesmo incondicionalmente. Você se aceitará por completo. Respeitará e honrará seu corpo físico. Não mais criticará ou rejeitará o que é, porque você é uma criação de Deus. Seu amor é infinito; quanto mais você o oferece, mais tem para dar. O amor é seu passaporte para o reino dos céus, começando por você mesmo e continuando com seus irmãos e suas irmãs.

Você viverá com lealdade. Lealdade a quem? A si mesmo, naturalmente, o que significa que nunca fará nada para se prejudicar; nunca mais se trairá. Não há espaço para autodepreciação. Você é leal a si mesmo, e isso o torna impecável com sua palavra.

Você viverá com justiça, o que significa ser justo consigo mesmo. Se comete um erro, paga por ele, mas apenas uma vez, não toda vez que se lembrar dele. Viver com justiça significa que você não mais se julgará, não mais viverá com culpa e vergonha. E, quando você vive

98 O Círculo de Fogo

sem julgamentos, culpa e vergonha, não há necessidade de se punir.

Começando por mim...

Todos os pontos do acordo precisam partir de você. Viver com gratidão, amor, lealdade e justiça começa com você, porque não se pode dar o que não se tem. Você só pode dar o que é seu. Se tem amor por si mesmo, então pode dar amor aos outros — de todas as formas. Viver em livre comunhão com Deus também desperta a comunhão com seu ser divino, como criação de Deus. O acordo sempre começa com você. Você é o que é, e é isso que compartilha com os outros.

E continuando com meus irmãos e minhas irmãs...

Agora você começa a espalhar as sementes de gratidão, amor, lealdade e justiça para os outros. Você vive expressando amor, e é assim que trata as pessoas por onde passa. O amor que você tem por si mesmo se torna o amor que compartilha com os outros. As sementes do amor se fortalecem e continuam se expandindo até se transformarem em uma bela relação com seus pais e filhos, seu cônjuge e seus irmãos — com todas as pessoas que o cercam. Essa frase o torna imune ao sofrimento, porque garante que todo relacionamento seja um ato de amor.

Respeitarei toda a criação como símbolo de minha comunhão de amor com aquEle que me criou...

Isso quer dizer que você respeitará as florestas, os oceanos, a atmosfera, os animais — tudo o que Deus, seu amado, criou. Você está estendendo seu amor e respeito para toda a criação como um símbolo do seu amor e respeito por quem o criou.

Você faz este acordo com Deus porque agora reconhece que tudo o que existe é criação dEle. Você respeita a vontade de Deus; respeita a vida como ela é. Enxerga a criação de Deus, a respeita, participa dela e se entrega com total aceitação porque sabe que não pode melhorá-la. Se vê uma montanha, não diz: "Ah, essa montanha está no lugar errado, não deveria estar aqui." Não, a montanha é perfeita como é, e você aceita a perfeição que existe em tudo.

Você não precisa mudar as pessoas; não precisa modificar nenhuma das criações de Deus. Simplesmente seja grato pela criação, pela beleza, pela vida. Você está vivo, e isso por si só é motivo de alegria. E qual é o resultado disso?

Para a felicidade eterna da humanidade...

Significa que toda a humanidade recebe os benefícios da sua comunhão de amor com Deus. Como cada ser humano é parte de um único ser vivo, sua felicidade se torna uma oportunidade para que toda a humanidade também viva em felicidade. Você escolheu viver sua vida em felicidade, está compartilhando-a com os outros, e o resultado é um presente maravilhoso para todos ao seu redor. Você não é responsável pela felicidade dos outros, apenas pela sua. Você é feliz porque vive em uma comunhão de amor com Deus. E, se você pode fazer isso, todos podem, e o resultado dessa união ou reunião com Deus é a felicidade eterna da humanidade — em outras palavras, o "paraíso na Terra".

O reino dos céus é sua própria mente, e, para você, esse reino é real, está aqui, e você faz parte dele. Você tem um reino particular dos céus na sua mente e, quando o compartilha, cria junto a eles o reino dos céus na Terra, para a felicidade eterna da humanidade.

Agora você sabe o significado de cada frase. Mas, repito, não basta decorar as palavras ou entender seu significado. O importante é fazer dessa oração seu estilo de vida. É colocá-la em prática. É vivê-la todos os dias até criar o paraíso na Terra.

Há muitos anos, depois de concluir um ciclo de ensinamentos com meus aprendizes, criamos a primeira cerimônia do Círculo de Fogo. Ela foi feita para aqueles que haviam recuperado o livre-arbítrio, a fé e o amor. Todos os presentes tinham vivenciado sua divindade, mas o desafio era permanecer no paraíso. Eles me perguntaram: "Miguel, como fazemos para ficar lá? Por que temos de voltar?" Minha resposta foi: "Vocês não estão permanecendo no paraíso porque ainda precisam purificar a mente. Sua fé é poderosa, mas está depositada no que vocês creem ser, e a maior parte do que acreditam sobre si mesmos é mentira. Libertem sua fé das mentiras! Libertem sua fé e verão como podem ser poderosos."

Se existe alguma coisa em sua vida que tira sua felicidade, você tem todo o poder necessário para mudá-la. Não precisa viver com raiva, tristeza ou ciúme. Não precisa se julgar, se culpar e se punir.

Palavras e orações são acordos poderosos, e você precisa observar qual tipo usa todos os dias: "Ó Senhor, sou culpado, devo ser punido por meus pecados." Que

102 O Círculo de Fogo

tipo de oração é essa? Se você acredita que é culpado e merece punição, está pedindo por isso!

O sofrimento e o conflito começam quando você mente para si mesmo, ainda que sem perceber. Você pode recuperar a verdade sobre quem realmente é. Quando enfim se enxergar como é, quando assumir a responsabilidade pelo que cria, você se verá livre das mentiras de sua própria criação. Você se libertará da turbulência emocional ao descobrir todas as mentiras em que acredita. É um processo de desaprendê-las. É um período de limpeza, e não tem nada a ver com o sonho da sociedade. Como poderíamos mudar o sonho da sociedade se não conseguimos nem limpar as mentiras de nosso próprio sonho?

A oração do Círculo de Fogo é suficiente para você alcançar o paraíso e permanecer nele. Mas, em primeiro lugar, precisa assumir o acordo, vivê-lo e se apropriar dele. Dizer uma oração não leva mais que um minuto, mas você precisa de disciplina para aplicá-la. Ore logo ao acordar e ore de novo antes de dormir. Sonhe a oração. Sinta a oração com seu corpo emocional. Seja a oração; alinhe sua fé e sua intenção com ela até que toda a sua vida se baseie nela. Se você se trair, faça um novo acordo... o dia do Senhor... e recupere seu livre-arbítrio.

Hoje é o dia mais maravilhoso da sua vida. Este momento representa a eternidade. É o momento em que você retorna ao amor ao decidir viver em comunhão com nosso Criador. Hoje é o dia em que você aceita um novo relacionamento, um casamento com Deus. É uma lua de mel eterna, e *é* o paraíso.

O CÍRCULO DE FOGO
(ORANDO EM GRUPO)

Hoje, o dia do Senhor
quando a divindade retorna a nós
quando vivendo nosso livre-arbítrio
e com todo o poder do nosso espírito
decidimos viver nossas vidas
em livre comunhão com Deus
sem expectativas

Viveremos nossas vidas com gratidão
amor, lealdade e justiça
começando por nós mesmos
e continuando com nossos irmãos e nossas irmãs

106   O Círculo de Fogo

Respeitaremos toda a criação
como símbolo de nossa comunhão de amor
com aquEle que nos criou
para a felicidade eterna da humanidade.

SOBRE OS AUTORES

Don Miguel Ruiz é o autor best-seller de *Os quatro compromissos* (que ficou na lista dos mais vendidos do *New York Times* por mais de sete anos), *O domínio do amor*, *A voz do conhecimento* e *O quinto compromisso* (com seu filho, Don Jose Ruiz). Seus livros venderam mais de oito milhões de exemplares nos Estados Unidos e foram traduzidos para dezenas de idiomas em todo o mundo.

Por mais de duas décadas, Ruiz tem trabalhado para transmitir a sabedoria dos antigos toltecas a um pequeno grupo de estudantes e aprendizes, guiando--os em direção à liberdade pessoal. Hoje, ele continua combinando sua mistura única de sabedoria antiga e consciência moderna através de palestras, oficinas e jornadas a lugares sagrados em todo o mundo.

108 O Círculo de Fogo

Para informações sobre os programas atuais oferecidos por Don Miguel Ruiz, visite o site: www.miguelruiz.com

Janet Mills é fundadora e editora da Amber-Allen Publishing. É editora e coautora da Série Sabedoria Tolteca, de Don Miguel Ruiz, e editora do best-seller internacional *As sete leis espirituais do sucesso*, de Deepak Chopra. Sua missão de vida é publicar livros de beleza, integridade e sabedoria duradouras e inspirar os outros a realizar seus maiores sonhos.

Este livro foi composto na tipografia Adobe Garamond Pro,
em corpo 12,5/17, e impresso em
papel off-white no Sistema Cameron da
Divisão Gráfica da Distribuidora Record.